AF390853

Pie de imprenta
«*Al borde del camino... Aquitania: el final de una guerra*». 2ª edición 2020
Escrito por Annemarie Nikolaus
Título original en alemán: «*Am Rande des Weges ...* Aquitanien: Das Ende eines Krieges»
Copyright © 2014-2021 Annemarie Nikolaus, 03240 Tronget/Allier, Francia
Todos los derechos reservados
Traducido por Juan Serey Aguilera y Elena Perez Galiano
Diseño de portada © 2016 Annemarie Nikolaus, foto © 2010 Jean-Bernard Nadeau
ISBN 9782902412723

ANNEMARIE NIKOLAUS

Al borde del camino...

AQUITANIA: EL FINAL DE UNA GUERRA

Índice

Introducción

En la Dordoña, cerca de Burdeos, cada año se escenifica el final de la Guerra de los Cien Años entre Francia e Inglaterra, uno de los mayores eventos al aire libre del verano francés.

Cuando en 1152 Leonor de Francia se casó en segundas nupcias con el rey Enrique Plantagenet, le dio como regalo de bodas el Ducado de Aquitania. Durante 300 años, hasta que se produjo la batalla ante las puertas de Castillon el 17 de julio de 1453, la Aquitania de Leonor, una región adinerada del sudoeste de Francia, se mantuvo bajo dominio inglés.

Paradójicamente, los habitantes de Castillon no participaron en este acontecimiento histórico clave. Protegidos tras los muros de la ciudad, observaban la batalla casi tan ajenos como los espectadores de hoy en día.

Una pendiente yerma de siete hectáreas a los pies del castillo de Castegens sirve como escenario para esta obra de historia medieval, a sólo un cañonazo de distancia del escenario histórico. Al final de la obra, la representación de la batalla utiliza la superficie total de la colina; más que en un teatro, uno se siente en un plató de cine.

La batalla. El espectáculo.

En las dos horas que dura el espectáculo, los espectadores se entremezclan con la vida medieval; se representa con todo lujo de detalles el día a día en las granjas y los mesones, en la vendimia, en los mercados, en las partidas de caza de la nobleza... Tras la conquista de Burdeos en el año 1451, los habitantes de la Aquitania luchan con los soldados franceses e intentan defenderse.

El episodio histórico se contempla desde la abadía de Saint-Florent, que el azar situó en el centro de esta batalla, destinada a cambiar el equilibrio de fuerzas en Europa.

El público experimenta primero la preocupación de los párrocos por sus feligreses, de los aldeanos por sus cosechas, de los nobles por sus tierras y del conde Raúl por la fidelidad de su esposa. Al final, se desencadena la batalla entre el general inglés John Talbot y las tropas de Jean Bureau, gran maestre de la artillería de Carlos VII.

Se produce un espectáculo arrebatador, que no escatima en pirotecnia ni otros recursos para animar el ambiente. Aunque algunas escenas no se entiendan por sí solas, el conjunto es una exhibición tan grandiosa, que queda más que compensado (también se disfruta de las óperas italianas sin contar con una traducción). Además, los niños siempre lo encuentran fascinante.

En la página web http://www.batailledecastillon.com/, que ofrece información en inglés y francés, se puede encontrar un pequeño video con partes del espectáculo.

Desde hace más de 30 años, la obra se representa una docena de noches durante julio y agosto, y recibe de media unos 30.000 visitantes por temporada.

Sin embargo, el espectáculo no es siempre el mismo; la obra va perfeccionándose y cambiando a lo largo del año. Entre 2008 y

2012 ha sufrido una transformación gradual que ha finalizado con una mirada optimista al Renacimiento.

La asociación «La Bataille de Castillon», responsable del evento, hace un enorme esfuerzo para su realización. Durante todo el año, el equipo lleva a cabo desde la restauración de extraños objetos antiguos para el decorado de la abadía, hasta la fabricación en serie de escudos, espadas y pistolas.

Más de 800 disfraces son confeccionados según las notas de la enciclopedia de Eugène Viollet-le-Duc, historiadora del arte del siglo XIX. Para ello, durante el año se renuevan o se arreglan delantales, sombreros, gorros y otras prendas de vestir.

Otra parte del esfuerzo permanece invisible: durante miles de horas de trabajo se ha excavado el terreno para colocar tubos y cableado eléctrico. El ayuntamiento de Castillon-la-Bataille aporta su apoyo financiero y logístico.

En el transcurso del año la función ha atraído a más de 700.000 espectadores, siendo el evento cultural con más éxito de la Aquitania.

Entre bastidores trabajan en total unos 700 voluntarios de la región, entre ellos 450 actores aficionados y 50 jinetes. Además, un centenar de animales pueblan el escenario: caballos, vacas, cerdos, perros, cabras, burros, ovejas, palomas y gansos. Muchos de ellos (tanto animales como personas) se emplean a lo largo del año para que todo salga bien. A principios de año comienzan los ensayos con actores y jinetes, así como el adiestramiento de animales, en caso de que sea necesario.

Todos los animales, sin excepción, están amaestrados como si de un circo se tratase. Cada animal conoce su papel, reconoce la música que anuncia su entrada en escena y permanecen impacientes mientras esperan entre bastidores.

La cerdita Alice (un cruce de raza vasca y Bayeux) y su compañera Chouchou (raza Gasconne) han sido seleccionadas hace varios años debido a su aspecto rústico y medieval. Llevan haciendo su papel tanto tiempo que ya no necesitan ensayar. Alice, incluso, ha tomado la costumbre de anunciar su entrada con una serie de penetrantes gritos.

Las cuadrillas de ocho bueyes de Lourdes y el par de «rubias de Aquitania» también dominan su entrada desde hace tiempo y apenas necesitan ayuda por parte de los adiestradores. Los imprevisibles burros, por el contrario, resultan ser unos compañeros de reparto caprichosos. Los peregrinos llevan zanahorias en las capas para que las sigan los burros; sin embargo, puede ocurrir que interrumpan la entrada en escena y comiencen a galopar de vuelta al establo.

Las ovejas, cabras y gansos actúan con papeles secundarios. Aparecen en la escena del día a día del pueblo y hacen su entrada conjunta al final del primer acto en el mercado de Castillon.

Las verdaderas estrellas son los caballos, y es a ellos a los que más se les exige.

Al igual que los caballos de batalla de la época caballeresca, asaltan de un golpe en línea recta y deben mantenerse en las peleas cuerpo a cuerpo, moverse entre el tumulto de los soldados a pie y aguantar las contraofensivas. No pueden tener miedo del fuego de las antorchas, ni de los cañonazos, ni de los cohetes, ni tampoco de los aplausos del público. Además, tienen que moverse sobre un terreno escarpado, sin poner en peligro a ningún actor u otro animal.

La caballería se compone de caballos españoles, portugueses y árabes a partes iguales, y tanto de caballos castrados como de yeguas de tamaño mediano y en promedio entre siete y ocho años de edad (cuando alcanzan la edad de 18 años, no pueden seguir participando). El papel y el lugar se les asigna dependiendo del color del pelo, para que destaquen en la noche e impresionen sobre la imagen oscura.

Proceden de cuatro caballerizas de la Gironda. Cada una de ellas tiene una cualidad especial. Los jinetes los entrenan en los clubes de equitación y los preparan en la selección a principios de junio. Por motivos de seguridad, sólo se utilizan caballos serenos y que trabajen con el jinete con una confianza absoluta. Se necesitan caballos que vayan en pareja y tiren de carros en llamas, caballos que sigan los carros en llamas, acróbatas, amazonas y, por supuesto, oficiales y jinetes de ambos ejércitos.

En 2011 el torneo de la escena final se sustituyó por una poética secuencia, en la que diez caballos aparecieron en la pendiente sin silla y en libertad: cuatro caballos españoles, cinco portugueses y un árabe, llamado «Pacífico» por su inteligencia y belleza. Esta escena ha de mostrar que al rey Luis XI de Aquitania le fueron devueltas sus antiguas libertades y privilegios nueve años después de la batalla.

La función comienza a las 22:30 horas, pero el recinto está abierto desde media tarde. Alrededor del campamento trovadores, cetreros y jinetes entretienen a los visitantes con exhibiciones. Las mesas con antiguos juegos de destreza no suponen un reto sólo para niños y jóvenes. Desde 2012 se encuentra una granja a la entrada del recinto, en el pueblo de Aliénor, con el objetivo de presentar este pequeño mundo en su totalidad antes de la función.

A partir de las 19:30, el mesón medieval ofrece un menú completo para cenar, aunque también se puede hacer un picnic sentado en el prado.

No es necesario reservar, pero las entradas son más baratas si se compran con antelación. Se recomienda, como mínimo, preguntar antes si quedan plazas libres, especialmente si es necesario un desplazamiento de varias horas.

Página web: http://www.batailledecastillon.com/

Fechas, información y reservas:

Las funciones se realizan normalmente entre mediados de julio y mediados de agosto.

Entrada:

Entrada gratuita para niños menores de 5 años. Tarifa reducida para niños de 5 a 11años.

Reservas en la oficina de la «Bataille»:

Tel: 05 57 40 14 53

Fax: 05 57 40 36 48
e-mail: <u>info@batailledecastillon.com</u>

La visita del espectáculo puede combinarse con actividades en Castillon-la-Bataille por la tarde. Puede visitar una exposición (gratuita) sobre la Guerra de los Cien Años o participar en visitas guiadas a Castillon-la-Bataille y talleres de artesanía medieval.

La Guyena inglesa

En 1137 muere el último duque de Aquitania. Su hija Leonor se convierte en la esposa de Luis el Joven, que será coronado más tarde rey de Francia. En 1152, tras la anulación del matrimonio, se casa con Enrique Plantagenet, futuro rey de Inglaterra. La poderosa provincia supone la dote de Leonor y permanece durante tres siglos bajo dominio inglés. Se trató de un gobierno próspero, que enriqueció a la Aquitania como nunca antes.

Sin embargo, la provincia permanecía como vasallo de Francia. Codiciada por todos, la Aquinatia se veía envuelta en una guerra continua, y era conquistada y reconquistada por franceses e ingleses alternativamente.

La antigua Aquitania se extendía por el territorio de las actuales regiones de Poitou-Charentes, Lemosín y Auvernia, así como por los departamentos de Vandea, Dordoña y Lot. A partir del siglo XIII el territorio se desintegró y quedó sólo la Guyana inglesa, que corresponde a la Aquitania actual.

El poder en nuestra pequeña Castillon pasó de mano en mano constantemente. De 1223 a 1259 permaneció bajo dominio francés. A finales del siglo XIII perteneció al conde de Foix; después, Sainte-Foy y Castillon fueron conquistadas por Raúl de Nesles. Sin embargo, en mayo de 1303 toda la provincia de Guyena fue devuelta al rey de Inglaterra durante un acto solemne en la iglesia de Saint-Emilion. En 1377, el duque de Anjou, hermano del rey de Francia, sitió Castillon durante dos semanas, después de haber conquistado Bergerac y Sainte-Foy. Castillon fue conquistada, pero no permaneció en manos francesas por mucho tiempo.

Otras regiones de Francia también pertenecieron a Inglaterra en algún momento. Irónicamente, fueron los normandos los culpables, debido a que conquistaron Inglaterra en el siglo XI. Posteriormente, el derecho sucesorio mantuvo parte del continente bajo el control del rey inglés correspondiente, o se produjeron disputas sobre a quién correspondía el título real.

Tras la muerte de Carlos IV, al no haber un heredero varón, Felipe de Valois fue nombrado regente y después rey. Al rey inglés, hijo de una princesa francesa, se le negó el derecho al trono debido a la Ley sálica, que prohibía a las mujeres el acceso al trono, así lo interpretaron los señores franceses, que se exigía una línea sucesora masculina ininterrumpida (lex salica).

Tras varias revueltas, Felipe VI conquistó la Aquitania en 1337, y comenzó así una guerra que duraría más de cien años. Esta guerra devastó Francia y la llevó al borde de la derrota, arruinándola económicamente. La situación comenzó a cambiar con el liderazgo de Juana de Arco.

En 1450 Normandía vuelve a caer en manos francesas. La Guyena, nombre que recibe la parte sudoeste de la Aquitania, es así la última parte del país que permanece aun bajo dominio inglés. Alentado por los éxitos militares de Juana de Arco contra los ingleses, Carlos VII dispone la campaña para conquistar la provincia.

En 1451 Juan de Dunois conquista Burdeos y caen así tanto Castillon como la Guyena entera en manos de Carlos VII de Francia. Sin embargo, Vizegraf Gaston de Foix se negó a la sumisión y su hijo Juan de Foix se unió a la liga de resistencia de la nobleza bordelesa. Hicieron volver a los ingleses y en 1452 tomó tierra en Burdeos el anciano general inglés John Talbot con su tropa.

La batalla de Castillon del 17 de julio de 1453 marcó definitivamente el fin de la Guerra de los Cien Años (que, en realidad, duró quince años más). Definitivamente, la Guyena forma parte de Francia.

Sin embargo, los habitantes del sudoeste no estaban nada contentos con esto.

Bajo la corona inglesa, en la Aquitania no hubo ni miseria ni represión. La Carta Magna de Inglaterra se aplicó también a los habitantes de la Aquitania y a sus derechos civiles, que durante mucho tiempo no fueron respetados por el estamento medieval, carente de libertad, de Francia. La corona inglesa otorgaba estatutos de autonomía liberales a las comunas. No se debe pensar en la Aquitania como un territorio ocupado por Inglaterra.

Además, en el puerto de Burdeos había un intenso tráfico de mercancías. La exportación de vino contribuyó especialmente a que la región prosperara.

Inglaterra, por su parte, dependía del vino de la Guyena, ya que se encontraba bajo los efectos de un cambio climático que provocó una notable bajada de las temperaturas desde el siglo XIII, conocida como «Pequeña Edad de Hielo». Este suceso imposibilitó de repente el cultivo de muchos productos, incluyendo el vino, cuyo cultivo había prosperado en todo el sur de Inglaterra. Además, el vino se había comvertido prácticamente en un alimento básico, ya que en aquel tiempo era más sano beber vino que el agua higiénicamente cuestionable.

Las relaciones comerciales fueron la base de unos lazos muy estrechos entre Inglaterra y Burdeos que perseguían intereses por ambas partes. Por eso, en 1451 los habitantes de Burdeos se unieron a los ingleses contra el avance de las tropas francesas.Y el rey inglés Enrique VI, al ser informado del estado de animo de la Aquitania tras la caída de Burdeos, enconmendó a su general Talbot la reconquista. Esto conllevó a la venganza, finalmente vistoriosa, por parte de los franceses: el rey Carlos VII prohibió el comercio de vino con Inglaterra.Los patriotas franceses, evidentemente, celebran el espectáculo de la salida de la batalla como un éxito. Son dignas de mención las escenas de las escaramuzas de los habitantes de Castillon con los soldados franceses, que muestran honestamente que la Aquitania quería seguir siendo inglesa. Y los franceses no son presentados como libertadores, sino como los que sumieron a la provindia en la pobreza.Aunque la exportación de vinos a Inglaterra no podía ser bloqueda por completo, el volumen de exportación decrecía de manera alarmante. Los exilios, voluntarios o forzados, disminuían los rangos de la burguesía y la nobleza. Sin embargo, algunos años después el regreso de los exiliados voluntarios fue acogido con los brazos abiertos. A muchos de ellos incluso se les devolvió las tierras que habían abandonado, entre ellos Juan de Foix, hijo de condes, que había huído a Inglaterra.

Luis XI, el nuevo rey de Francia, reestableció en 1461 los antiguos derechos y privilegios de la Aquitania y les permitió el comercio con Inglaterra. Desde 1474, a los habitantes de Castillon se les devolvieron los derechos poco a poco. Juan de Foix-Candale autorizó unos estatutos que recogían el derecho a nombrar a un alcalde y dos consejeros. Gaston II los ratificó y amplió en 1487.

La batalla histórica

Como consecuencia de la rápida reconquista, Burdeos y Castillon abrieron sus puertas en 1452 a la llegada de Talbot.

En el verano de 1453, los franceses comenzaron su contra ofensiva y marcharon con cuatro armadas a Burdeos. Una de ellas avanzó a través del valle Dordoña y ocupó Gensac el 8 de julio de 1453.

Después el ejército francés se acerca a la fortificada Castillon, pero no sitiaron la ciudad, como fue común durante toda la Edad Media y hasta principios de la Edad Moderna. Ya no querían conquistar la Guyena de ciudad en ciudad, sino destruir la armada de Talbot y determinar así el destino de la Aquitania con una única acción.

Por eso, los franceses cambiaron su modo de proceder y atrajeron a la armada de Talbot a unos terrenos donde se encontraban estratégicamente situados.

Los hermanos Bureau conocían bien Castillon y sus alrededores, porque ya la habían asaltado en 1451 con la armada de Penthièvre.

Su ejército se situó a apenas 2 km al oeste de la ciudad, en un valle a la orilla derecha del Dordoña. Estaba compuesta por unos 10.000 hombres «de todas las provincias», con 1.800 "lanzas"[1] y arqueros. La artillería bajo el comando de los hermanos Bureau constaba de 300 cañones, que manejaban unos 700 soldados, lo que da una idea de la fuerza militar que podían emplear los franceses con este nuevo armamento. A los arqueros franceses se unió la armada bretona con 1000 soldados, entre ellos una caballería con 240 lanzas.

700 soldados ocuparon la abadía de Satin-Florent en el noreste del valle y se mantuvo a la caballería bretona con los 240 lanzas como reserva en Horable, a un 1,5 kms al norte.

---

[1] (https://en.wikipedia.org/wiki/Lances_fournies)

El lugar seleccionado ofrece admirables ventajas. En el norte tiene al Lidorie a sus espaldas, un pequeño curso de agua con empinadas orillas, cuyo nivel puede ser elevado gracias a un muro de contención. En el oeste, sur y este es cavado un foso: 1,6 km de largo, de 5 a 6 mts de ancho y cerca de 4 mts de profundidad. No es de ninguna manera una trinchera simple: tiene huecos que permiten el fuego cruzado, está protegida a través de un banco y reforzado a través de troncos. De esta manera, se convierte en un obstáculo a tomar en serio por la caballería inglesa. El campamento tiene finalmente una extensión de 200 a 300 mts del norte al sur y alrededor de 600 mts del oeste al este. Enfrente de este campamento se extiende un campo abierto de 500 a 600 mts hasta el Dordoña que sólo por un vado puede ser cruzado, el *paso de Rauzan.*

En caso que el enemigo venga por el norte, queda detenido en en difícl de cruzar Lidorie en inmediata cercanía del campamento. Si viene por el oeste, no puede completamente extenderse en la delgada parte frontal del lugar (200 mts). Viniendo por el sur, permanece el campo de batalla desprotegido hasta el Dordoña bajo el fuego de los cañones franceses.

Este campamento, que Talbot debe atacar, es en principio un campamento de artillería.

En magnitud es el ejército inglés similar, si no superior: Talbot puede hacer uso de al menos 6000 hombres en Burdeos, como de 3000 gascones más, que alcanzan sus tropas poco antes del ataque.

Pero Talbot comete el error de enviar a sus tropas en cantidades crecientes contra el campamento, en cuanto alcanzaban paulatinamente el campo de batalla. Al final tiene 4.000 soldados frente al lugar - muy pocos todavía, como para tomar con un golpe de mano la posición preparada de antemano del enemigo

Talbot fue puesto en conocimiento en Burdeos por parte de los Castellones de la llegada del ejército francés y decidió liberar_la ciudad.

Pernoctó en Libourne y en la mañana del 17 de Julio alcanza los bosques por encima de la abadía. Como los le habían aconsejado los Castellones, se arroja a la débil guarnición en Saint-Florent, cuyos ocupantes huyen y vuelven al campamento en el Lidoire. Los ingleses siguen a lo largo de las laderas encima de la corriente, pero despúes de sangrientos duelos los perseguidos cruzan el pequeño río y se encuentran de inmediato en el interior del campamento.

Tal vez sorprendidos por las dificultades con las que se encuentran, pronto vuelven los ingleses a la abadía. Se aprovisionan y pinchan algunos de los toneles de vino abandonados por los franceses.

Talbot quiere ir a misa, cuando se le informa que los franceses han abandonado el campamento. De hecho se elevan evidentes nubes de polvo en el este sobre la posición que mantenían los franceses. Más tarde se sabrá que eran los pajes que se retiraban con los bagajes que estorbaban para la batalla. Engañado por las apariencias, Talbot no duda más y parte con las tropas que poseía en aquel momento, para atacar a los franceses en su huída.

Los ingleses empujan hasta el terraplén del excavación e intentan levantar el estandarte de Talbot en la entrada del campamento francés, pero en el combate cuerpo a cuerpo cae en el foso.

La artillería de los franceses bajo el comando de los hermanos Gaspard y Jean Bureau (el último es gran maestre de las artillería del rey Carlos VII había tenido tiempo para prepararse: 300 cañones disparan al mismo tiempo, cargados con "*Mitrailles*": cilindros con bolas de plomo, comparables a grandes perdigones.

La matanza es horrorosa. Los atacantes permanecen tan apretados que no pueden escapar al fuego de los cañones ni se pueden dispersar. Los sobrevivientes se forman de nuevo, pero los cañones franceses están rápidamente listos para ser usados.

La propia artillería de Talbot es demasiado lenta para alcanzar el campo de batalla a tiempo. Bajo el fuego de los franceses luchan las tropas anglo-gasconas todavía una hora más, aproximadamente. Entonces atacan los bretones, que permanecían con su caballería como reserva en Horable y se sintieron llamados por el estrépito de los cañonazos. La caballería bretona se abalanza sobre los soldados en fuga y los masacra.

Como resultado, los franceses abren las barricadas y persiguen a los ingleses. En la trifulca de la batalla es muerto a tiros el caballo de Talbot. Al ser derribado, Talbot es encontrado por un arquero francés y finalmente con un golpe de hacha en la cabeza es muerto. También cae el hijo de Talbot, Lord L'Isle.

Al menos 4000 muertos quedan en el campo de batalla. Los sobrevivientes huyen, muchos en cuanto tratan de cruzar el Dordoña mueren ahogados. Otros se alejan hacia el oeste y algunos llegan a Saint- Émilion. Otros finalmente se esconden en la fortificada Castillon. Un refugio de corta duración: el 18 de Julio avanzan los franceses con artillería a Castillon y logran la rendición de la ciudad.

Después de que la muerte de Talbot fue conocida, capitularon todas las ciudades, que hasta ahora eran conservadas por los ingleses y Burdeous se entregó sin luchar. En el castillo de Pressac, en Saint Étienne-de-Lisse, es firmada la capitulación de los ingleses.

Con ello no sólo se ponía fin a la guerra; los reyes ingleses nunca más volverían a tener acceso a Francia.

El fin de las estrategias de combate caballerescas

La obra escenifica también la leyenda de que los soldados ingleses no habían estado correctamente operativos, porque en la víspera de la batalla habían vaciado la bodega de vinos de la abadía de Saint-Florent.

En verdad la derrota de los ingleses yacía en las "modernas" estrategias de combate de los franceses, en particular en el masivo uso de la artillería en campo abierto. La Edad Media tardía fue una época de rápido progreso y desarrollo técnico: eso valía también para la técnica armamentística y la estrategia de combate.

Antes la estrategia de combate había consistido en dos elementos: la conquista de los lugares fortificados después de un asedio. Así por regla general eran aconsejados los sitiados para entregarse, pues esto les permitía hasta cierto punto negociar condiciones soportables.

La estrategia de los hermanos Bureau en la Guyena convierte en superficial el laborioso y agotador asedio de ciudad por ciudad: cuando el ejército rival está derrotado y la ciudad no se puede defender más, su resistencia es inútil.

El segundo elemento consistía en las batallas de los ejércitos de caballeros. Estas eran de acuerdo a nuestra visión actual sorprendentemente sin derramamiento de sangre, pues no se dirigían de ninguna manera a la aniquilación del adversario. Por el contrario, cada uno hacía lo mejor posible, para dejar con vida a su enemigo. Esto tenía un fundamento completamente banal: por un prisionero se podía negociar un rescate. Con ello financiaban los caballeros su sustento. En ello se fundaba simplemente el concepto de una guerra "caballerosa".

Llega a su término cuando los ingleses en la batalla de Crécy en agosto de 1346 no se encuentran a los soldados franceses en un duelo caballeresco, sino que envían sus arqueros al frente, que diezmaron con sus flechas a los caballeros atacantes. Los arcos ingleses han superado mecánicamente a los franceses y tienen claramente un alcance mucho mayor.

Más tarde se quejarán los franceses de la infamia de los ingleses.

Hasta entonces había sido la caballería francesa la más numerosa y belicosa de toda Europa. Y se vio también en esta batalla obligada, a tomar prisioneros a sus rivales nobles para llenar sus arcas con el dinero de los rescates.

Pero naturalmente no pueden volver el tiempo atrás, sino que se deben adaptar ellos mismos a las nuevas formas de combate.

Carlos VII aprovecha el armisticio acordado en Tours en 1444, para reorganizar su ejército. Ya desde 1438 habían concedido los estamentos generales al rey —primero en las regiones de la *langue d'Oil* en el norte (1438-1443), después las de *langue d'Oc* (1439)- la posibilidad de recaudar dinero, sin que ellos tuvieran como antes que decidir esto cada año. Una especie de pleno poder general también —y con ello la introducción de impuestos permanentes. De ahí en adelante tenía el rey los medios para mantener un ejército permanente. Sobre todo podía evitar que los soldados desmovilizados se extendieran merodeando por el país.

Desde 1445 deja que el ejército se organice en unidades básicas

–"Lanzas"-, que actúan como equipo de distintas armas: consisten en un caballero, que es acompañado por dos arqueros montados, un hombre con una espada y un puñal largo, así como- no como combatientes- -por un paje y un sirviente. 100 lanzas constituyen una compañía: su ejército permanente tiene al principio 15 compañías – 9.000 hombres. Son acuartelados en guarniciones, que las ciudades deben mantener, de forma que las arcas reales en tiempo de paz no se vean agobiadas.

Fue la población civil la que tuvo que soportar las cargas de la guerra: además las comarcas a través de la cual se extendía un ejército fueron arrasadas- simple necesidad, para financiarse y alimentarse. A ellos les daba igual, si se trataba de la propia tierra o de la del adversario. Una clara ilustración de cómo sucedía aquello, se encuentra en la "Conjuration des Importants" de Jean Anoulis en el capítulo, en que su héroe sigue al ejército francés en el camino hacia Rocroy.

Desde 1448 cada parroquia de 50 hogares tiene que equipar y poner a disposición un arquero instruido. Para ello está liberado este hombre de impuestos –de ahí el concepto "*franc-archer*". Al final el rey tiene a su disposición 8.000 hombres y tiene un ejército de arqueros que se puede medir con el inglés. Adicionalmente, todavía puede contratar soldados cuando lo necesite. Además, tiene una guardia escocesa permanente. En total Carlos VII tiene 15.000 jinetes, bien formados y móviles. Y los arqueros ingleses se hacen menos batalla tras batalla, ya que su instrucción emplea una considerable cantidad de tiempo.

Jean Bureau gran maestre de la artillería de Carlos VII, había reorganizado desde 1439 la artillería de campo de Francia, para fomentar el uso de cañones: la artillería había sido utilizada con anterioridad mayoritariamente en asedios.

Pero ahora el progreso técnico había conducido al desarrollo de cañones relativamente livianos y fáciles de mover. Junto a la nueva movilidad se destacaba esta artillería a través de una gran capacidad de penetración, con ello la armadura de los ejércitos de caballeros finalmente se hizo inútil.

Jean Bureau y su hermano dirigen la artillería personalmente en todos los ataques en Normandía y en la Guyena, igualmente a los arqueros. En Castillon, por primera vez en el mundo occidental, Jean Bureau despliega los cañones de manera masiva en una batalla campal. La batalla frente a las puertas de Castillon marca con ello finalmente el fin de las estrategias de combate como el mundo europeo lo había hecho hasta entonces. La artillería ha superado el concepto medieval de la estrategia de combate. El combate cuerpo a cuerpo pierde sentido y las armaduras blindadas de los caballeros se vuelven absurdas.

Atractivos turísticos alrededor de Castillon-la-Bataille

A quien no tenga prisa: La comarca invita a permanecer uno o dos días más.

Castillon, cuyo nombre cambió a Castillon-la-Bataille en 1953, queda en un importante y estratégico paso sobre la Dordoña en la cercanía de Libourne, en el límite entre el Bordelais y el Perigord. Es ahora una pequeña ciudad de apenas 3.000 habitantes.

Dignos de ver son la iglesia barroca y la capilla de Sainte Marguerite del siglo 12 en Capitourlan.

Página web de la ciudad:

http://www.castillonlabataille.fr/

Informaciones, también sobre actuales eventos y visitas las puede conseguir en la oficina de turismo:

https://www.tourisme-castillonpujols.fr/

***

Castillon-la-Bataille da el nombre para la denominación de origen del viñedo **Castillon Côtes de Bordeaux**, que es cultivado en nueve comunidades de más de2850 hectáreas. Está denominación fue separada en 1989 de la denominación Bordeaux.

En 1060 uno de los vizcondes de la Guyena había hecho venir hacia Castillon monjes benedictinos de Saint Florent de Saumur. Construyen su monasterio al norte del castillo y también lo nombran Saint Florent y se destacan por su vino.

Más informaciones sobre los vinos se encuentra en el página web de la denominación:

http://castillon-cotesdebordeaux.com/index.htm

En Castillon-la-Bataille hay una *Maison du Vin*. Está abierta de lunes a viernes de 9 a 18 hrs.

Maison des vins des côtes de Castillon
6 allées de la République 33350 Castillon La Bataille
Tel.: 05 57 40 00 88
Fax.: 05 57 40 06 31
E-Mail: contact@castillon-cotesdebordeaux.com

***

Apenas 9 kilómetros más allá se encuentra el castillo de Michel de Montaigne (1533-1592), uno de los más grandes espíritus del renacimiento francés.

Sufrió un incendio en 1885. Ha sido parcialmente reconstruido, pero sólo la torre puede ser visitada. Aloja una exposición sobre Montaigne —incluido su cámara mortuoria. Está abierta en julio y en agosto hasta el 24 del mes diariamente desde las 10 a las 18.30 hrs; posteriormente como la mayoría de las veces del año de miércoles a domingo. Las visitas guiadas en la torre de Montaigne tienen una duración de 45 minutos.

Château de Montaigne
24230 Saint-Michel-de-Montaigne
Contacto: 05 53 58 63 93 <u>info@chateau-montaigne.com</u>
El <u>página web</u> está disponible también en inglés.
http://www.chateau-montaigne.com/

***

Sólo 12 kilómetros más allá se encuentra Saint- Émilion, centro de uno de los lugares cumbre de la Haut-Médoc. Fundada por el monje Émilion en el siglo 8vo, la ciudad era un centro de la vida religiosa.

Hoy el lugar pertenece a la herencia cultural de la UNESCO y seduce a través de incontables monumentos y obras arquitectónicas sobre todo de la época románica. Según la primera apariencia el lugar es con sus monumentos y restos de la época románica un museo bajo el cielo abierto. Hay sin embargo un segundo "museo"-Un extenso laberinto subterráneo.

También hay una serie de eventos temáticos como "Une nuit sous la révolution", una gira nocturna que conduce a los escondites subterráneos de los insurgentes durante la Gran Revolución.

En el St. Émilion subterráneo - *St. Émilion souterrain*- cada día junto a las extensas catacumbas se puede ver la más grande iglesia subterránea de Europa. La visita dura apenas una hora. Una hora y media dura la visita guiada a través de la superficie histórica del centro de la ciudad, que se ofrece todos los días, excepto los domingos. Ambas visitas guiadas son no obstante en francés.

En lengua inglesa hay, sin embargo, una breve variación de ambos recorridos, que dura en total una hora y media.

La visita del Saint-Émilion subterráneo es también parte de un recorrido vitivinícola de un día entero, que tiene lugar desde principios de abril hasta inicios de noviembre. Por ello llevan estos "Sábados de la enología" el subtítulo "Lo más importante de Saint-Émilion en un día". Junto a las catacumbas la jornada abarca una

29

introducción a la enología en la escuela de vinos, una comida con muestras de vinos y la visita a un viñedo. El programa no se ofrece a los menores de edad.

La escuela de vinos puede ser visitada diariamente independientemente del programa del día — desde mediados de julio hasta el final de agosto.

Reservas para visitas, posibilidades de alojamiento y más información en la oficina de turismo de la ciudad:

http://www.saint-emilion-tourisme.com/

Para leer más

La guerra de los cien años en
https://es.wikipedia.org/wiki/Guerra_de_los_Cien_A%C3%B1os

Historia de Aquitania: https://es.wikipedia.org/wiki/Aquitania

Aquí puede encontrar una larga bibliografía con textos „Sur
l'histoire de la Guyenne" y „Sur la période de la guerre de Cent Ans
et de la Guyenne anglaise":
http://benito.p.free.fr/biblio.html

Revista histórica de Burdeos: Accesible en open Edition:
http://search.openedition.org/index.php?op[]=AND&q[]=+Re-
vue+Historique+de+Bordeaux&field[]=All

Sobre la autora

Annemarie Nikolaus es cientista social. Ha estudiado entre otras cosas Historia y Periodismo. Después de haber trabajado largo tiempo como periodista, ha comenzado con la escritura literaria. Desde el 2011 publica principalmente de manera independiente.

Es nacida en Hesse y ha vivido veinte años en el norte de Italia. En el 2010 ella y su hija se han mudado a Auvergne en Francia.

Aquí puede encontrar a Annemarie en la red:
Blog: https://bit.ly/33PnDlX
Patreon: www.patreon.com/AnnemarieNikolaus
Twitter: http://twitter.com/AnneNikolaus

****

Publicaciones:

En español:

La República Real. Colección *Mundo en llamas.* ISBN de la edición impresa 9782902412945

Aquitania: el final de una guerra. Colección *"Al borde del camino..."*. ISBN de la edición impresa 9782902412723

Silencio Forzado. Thriller breve. ISBN de la edición impresa 9782902412815

La nieta. Colección *Quick, quick, slow – Club de baile Lietzensee.* ISBN de la edición impresa 9782493398079

Celoso de una estrella. Colección *Quick, quick, slow – Club de baile Lietzensee*. ISBN de la edición impresa 9782493398086

Difunto. Cuentos fatales. ISBN de la edición impresa 9782902412631

Justicia sin Ley. Breves relatos históricos. ISBN de la edición impresa 9782902412976

Historias mágicas. Cuentos infantiles. ISBN de la edición impresa 9782902412778

Brillante Esperanza. Calendario de adviento. ISBN de la edición impresa 9782902412969

En alemán:

Novelas y Cuentos

Históricas

Königliche Republik. Novela histórica. ISBN de la edición impresa 9782902412471.

Verjährt. Cuentos históricos de suspense. ISBN de la edición impresa 9782902412549.

Fantásticas

Die Piratin. Novela fantástica. ISBN de la edición impresa 9782902412495

Das Feuerpferd. Novela fantástica, en conjunto con Monique Lhoir y Sabine Abel. ISBN de la edición impresa 9782902412501.

Magische Geschichten. Cuentos no solo para niños. ISBN de la edición impresa 9782902412488

Renntag in Kruschar. Antología fantástica.

Leuchtende Hoffnung. Novela de ciencia ficción ilustrada. ISBN de la edición impresa 9782902412563

Policial

Bitterer Wein. Colección »Médoc« Novela criminal. ISBN de la edición impresa 9782493398017

Haus zu verkaufen. Drama familiar. ISBN de la edición impresa 9782902412983

Ustica. Thriller breve. ISBN de la edición impresa 9782902412556.

Tot. Relatos cortos. ISBN de la edición impresa 9782902412587

Verjährt. (ver arriba)

Románticas

Die Enkelin. Colección "*Quick, quick, slow – Tanzclub Lietzensee*". ISBN de la edición impresa 9782493398093

Flirt mit einem Star. Colección "*Quick, quick, slow – Tanzclub Lietzensee*". ISBN de la edición impresa 9782493398109

Zurück aufs Parkett. Colección "*Quick, quick, slow – Tanzclub Lietzensee*". ISBN de la edición impresa 9782493398116

Libros de no ficción

Turismo

Aquitanien: Das Ende eines Krieges. Colección "*Am Rande des Weges ...*". ISBN de la edición impresa 9782902412570

Colección sobre literatura y libros

Suche Reisebegleitung. Colección "*Fliegende Blätter*". ISBN de la edición impresa 9781499608427.

Junge Welten. Colección "*Fliegende Blätter*". ISBN de la edición impresa 9781500971991

***

Créditos de las fotos

Agradezco a la asociación *"La Bataille de Castillon"* por las fotos de las escenas. © 2010 Jean-Bernard Nadeau

Portada: Foto © 2010 Jean-Bernard Nadeau

Blasón: Copyright Peter17 [GFDL (http://www.gnu.org/copyleft/fdl.html), CC-BY-SA-3.0 (http://creativecommons.org/licenses/by-sa/3.0/) or CC-BY-2.5 (http://creativecommons.org/licenses/by/2.5)], via Wikimedia Commons

Castillo Montaigne: Henry SALOMÉ - Cliché personnel, GFDL, https://commons.wikimedia.org/w/index.php?curid=6774642 (http://www.gnu.org/copyleft/fdl.html) or CC-BY-SA-3.0-2.5-2.0-1.0 (http://creativecommons.org/licenses/by-sa/3.0)], via Wikimedia Commons

www.ingramcontent.com/pod-product-compliance
Lightning Source LLC
LaVergne TN
LVHW020846200726
843508LV00003B/1070